Sabine Lohf

BASTELSPASS
zum Muttertag

GERSTENBERG

Alles Liebe zum Muttertag!

Selbst gemachte Kleinigkeiten, die von Herzen kommen – darüber freut sich einfach jede Mama. Und es ist gar nicht so schwer, mit wenig Aufwand hübsche und auch nützliche Dinge zu basteln. Das meiste Material hast du schon im Haus oder es ist einfach zu besorgen: Filz- und Stoffreste, Papier, eine Schachtel mit Knöpfen, Stickgarn, Farben und Pinsel oder auch Haushaltsschwämme zum Drucken.

In diesem Heft findest du viele kunterbunte Ideen zum Selbermachen, wie zum Beispiel Herzen aus allerlei Material, Blumensträuße aus Papier, die ewig halten, und Ketten oder Armbänder als Lieblingsschmuck. Sogar einen kleinen Garten kannst du gestalten. Du kannst große Blätter pressen und mit Glückskäfern bemalen, mit Blättern drucken und vieles mehr.

Deine Mama freut sich bestimmt riesig über eines dieser kleinen Geschenke.

Viel Spaß beim Basteln und
einen schönen Muttertag
mit der ganzen Familie!

Blume und Untersetzer

Blumen sind ein prima Geschenk zum Muttertag. Diese hier ist wie der hübsche Untersetzer auf der rechten Seite aus Stoffstreifen gewebt. Die Webrahmen baust du dir aus Pappe selbst. Die auf die Pappe gespannten Fäden nennt man Kettfäden. Wenn du deinen Webrahmen so vorbereitet hast, dass alle Kettfäden gespannt sind, kann es losgehen.

Zuerst die Fäden spannen. 　　Dann den Stoffstreifen durch die Kettfäden ziehen ... 　　... bis der Teller mit bunten Streifen bedeckt ist.

Schöne Blume

Aus einem gewebten Kreis kann eine Wunderblume entstehen oder ein einfacher Untersetzer, je nachdem, was du lieber verschenken möchtest

So wird gewebt:

1. Kerben in den Rand eines Papptellers schneiden. Es muss eine ungerade Zahl sein, zum Beispiel 19. Durch die Mitte des Papptellers mit einer Sticknadel einen langen Faden führen. Danach den Faden durch eine Kerbe am Rand über die Rückseite des Tellers durch die gegenüberliegende Kerbe am Rand führen, vorn über den Teller zur nächsten Kerbe führen, bis alle Kerben belegt sind. Das Fadenende auf der Rückseite verknoten.

2. Nun nimmst du einen Stoffstreifen und führst ihn von der Mitte aus abwechselnd über und unter den Kettfäden hindurch. Ist dein Stoffstreifen zu Ende, knotest du einen weiteren daran und webst weiter. Das machst du so lange, bis der Teller gut gefüllt ist.

3. Zum Schluss schneidest du die Kettfäden auf der Rückseite auf und entfernst den Teller. Du kannst die Fäden (immer zwei nebeneinanderliegende) verknoten oder einzeln am Rand des gewebten Kreises vernähen.

Fliegender Teppich

Dieser Teppich wird auf einem rechteckigen Stück Pappe gewebt. Wie groß dein Teppich wird, entscheidet die Größe der Pappe. Mithilfe einer stumpfen Stopfnadel nähst du die Kettfäden direkt auf die Pappe (siehe Kasten). Und schon kannst du losweben!

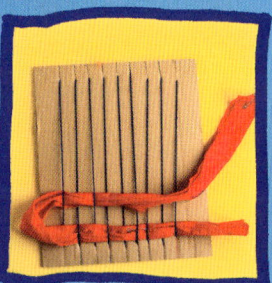

Die Fäden auf der Pappe anbringen, die Fadenenden auf der Rückseite verknoten.

Den Schussfaden immer abwechselnd über und unter dem Kettfaden entlangführen. In der nächsten Reihe liegt der Faden, der zuvor unten lag, darüber und umgekehrt.

Fast fertig!

Ist der Teppich groß genug, schneidest du die Fäden auf der Rückseite auf und entfernst den Rahmen. Am Schluss knotest du die Fäden wie links beschrieben zusammen oder vernähst sie einzeln.

Kleine Geschenke

Mit diesen schönen Basteleien machst du deiner Mama sicher nicht nur zum Muttertag eine Freude! Das Glücksschweinchen ist wie das Nadelkissen aus Filz und lässt sich ganz rasch und einfach nähen.

Für das Herzkissen zwei gleich große Herzen aus Filz ausschneiden und besticken. Dann an den Rändern bis auf eine Öffnung zusammennähen. In die offene Seite füllst du Watte oder duftende Kräuter hinein (z. B. Lavendel oder Kamille). Jetzt kannst du das Kissen ganz zunähen.

Zum Besticken einen Faden mit einer Nadel wellenförmig von oben und unten durch den Stoff ziehen.

Beide Herzen übereinanderlegen und die Ränder zusammennähen.

Den Körper und die Ohren des Glücksschweins schneidest du aus Filz aus und klebst sie auf ein Stück Rupfen aus dem Bastelgeschäft. Nähe zwei kleinere Knöpfe als Augen und einen großen Knopf als Schnauze an. Den Mund stickst du mit rotem Stickgarn unter den großen Knopf und klebst Apfelbäckchen daneben.

Den Kaktus aus zwei grünen Filzstücken zusammennähen und in einen kleinen Blumentopf setzen. Eine Blüte aus Filz ausschneiden und mit einer Stecknadel feststecken. Die Stacheln sind aus Stecknadeln. Der Kaktus lässt sich auch prima als Nadelkissen verwenden.

Der Kaktus besteht aus diesen Filzstücken und Watte.

Für den Nadelkissen-Igel nähst du zuerst die langen Seiten der beiden Dreiecke (siehe Bild) zusammen. Dann faltest du den braunen Körper in der Mitte und nähst ihn an den Kopf. Zum Schluss nähst du die anderen Kanten zusammen. Die Watte nicht vergessen! Der Igel hat eine Perle als Nase, einen Mund aus Filz und Knopfaugen.

Aus diesen Teilen besteht der Igel.

Kleine Herzen, große Herzen

Möchtest du deiner Mutter ein Herz schenken? Du findest ganz viele in der Natur! Schenke ihr zum Muttertag doch einfach einen Spaziergang ins Grüne. Dort könnt ihr gemeinsam nach Herzen Ausschau halten. Es gibt klitzekleine Herzen wie die Schötchen des Hirtentäschels oder mächtige Baumkronen, die wie auf dem Kopf stehende Herzen aussehen. Bestimmt könnt ihr noch viel mehr Herzen entdecken! Du kannst natürlich auch hübsche Herzen aus Naturmaterialien basteln.

Seinen Namen verdankt diese Pflanze wohl ihren Früchten, den herzförmigen Schötchen, die den Taschen von Hirten aus früherer Zeit ähneln. Das Gemeine Hirtentäschel wächst auf Äckern und an Wegen. Das Kraut hat kleine, weiße Blüten.

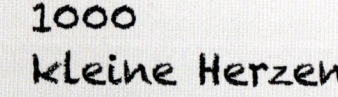

Rot und grün

Schneide aus rotem Tonkarton ein Herz aus und setze es hinter das Hirtentäschelkraut. Vor dem roten Hintergrund werden die kleinen, grünen Herzen richtig gut sichtbar. Vielleicht magst du ein Foto von diesem Kunstwerk in der Natur machen?

1000 kleine Herzen

Lege die Schötchen der getrockneten Pflanze in eine beklebte Streichholzschachtel. So kannst du viele kleine Herzen verschenken.

Diese Pflanze heißt Tränendes Herz.

Herzförmiges Zierweinrebenblatt

Moosherz

Herzförmige Baumkrone einer Winterlinde

Herzen entdecken

Die Natur ist voller Herzen – das ganze Jahr über. Das herzförmige Blatt gehört eigentlich in den Herbst, aber wenn du es presst und in einer Schatzkiste aufbewahrst, kannst du es zum Muttertag verschenken.

Gedrucktes Herz

Bemale ein herzförmiges Blatt, zum Beispiel von einer Pfeifenwinde, mit roter Farbe und drucke damit auf ein saugendes Papier. Nach dem Trocknen kannst du es verschenken.

Ein kleiner Garten

Auf einem Stück Pappe als Untergrund kannst du für deine Mama einen hübschen kleinen Garten anlegen! Vielleicht sieht er aus wie dieser hier, vielleicht aber auch ganz anders. So zu gärtnern macht viel Spaß, denn die Pflanzen blühen das ganze Jahr!

Die Hecke besteht aus grün angemalter Wellpappe, die du rings um den Untergrund klebst. Stecke für besseren Halt ein paar lange Zahnstocher von oben durch die Wellpappen-Hecke. Das sind dann gleichzeitig die Baumstämme.

Die Baumkronen schneidest du aus Pappe aus, malst sie an und steckst sie auf die Zahnstocher. Oder du steckst kleine Zweige als Bäume in die Pappe.

Auch die Beete sind aus Wellpappe. Wo keine Beete sein sollen, kannst du Rasen oder einen Teich auf den Untergrund malen. Vielleicht schwimmen darauf ein paar Enten?

Klebe Seidenpapierkügelchen als Pflanzen in die Beete oder als Blüten an die Bäume.

Aus einer kleinen Pappschachtel wird ein Gartenhäuschen. Gestalte es so, wie es deiner Mutter am besten gefällt!

1 So die Wellpappe um die bemalte Rolle wickeln.

2 Für die große Blüte ein Stück Seidenpapier zu einem Streifen falten, in der Mitte zusammendrücken und drehen. Das sieht dann aus wie eine Fliege. Grünes Papier wie im Bild zuschneiden.

3 Die Fliege in der Mitte fassen, die Seiten hochklappen und den grünen Streifen unten um die Blüte wickeln. Mit Klebstoff fixieren, bevor du sie in den Blütenstiel steckst.

Falls du nicht viel Zeit hast, sind diese Topfpflanzen im Nu gebastelt. Male dafür eine längere und eine kürzere Papprolle grün an. Wenn die Farbe trocken ist, umwickelst du die Rollen mit Wellpappe und klebst die Enden fest. Um den oberen Rand der Wellpappe wickelst du einen weiteren Streifen Wellpappe und klebst ihn fest. Fertig ist der Blumentopf! Seidenpapier kannst du zu Kugeln knüllen und ankleben oder zu einer größeren Blüte falten, die du oben in die Rolle setzt.

Alles aus Papier

Kaum zu glauben, aber wahr: Du kannst aus bunten Papieren eine schöne Vase basteln – und die Blumen gleich dazu. Es ist gar nicht schwer, probier es aus!

Blume

Für die Blumen befestigst du Papier - besonders hübsch ist Krepppapier - an einem Pfeifenreiniger (siehe Kasten). Den Blumenstiel dann mit einem Streifen Krepppapier umwickeln und festkleben, ein Blütenblatt aus Papier ankleben.

Einen Pfeifenreiniger so um ein quadratisches, gefaltetes Stück Papier biegen.

Vase aus Papier

Das ist ein schönes Geschenk. Aber bitte kein Wasser in die Vase füllen!

1. Einen ca. 7,5 x 50 Zentimeter langen Streifen zweimal falten, sodass ein 2,5 Zentimeter breiter Streifen entsteht. Die Falten mit Klebstoff zusammenkleben und mit einer Klammer fixieren, bis der Klebstoff getrocknet ist. Diesen Vorgang wiederholst du zehnmal.

2. Die Streifen in einer Reihe aneinanderlegen, zusammenkleben und am besten noch zweimal tackern. So entsteht ein ganz langes Band, das du dann über einem Bleistift ganz fest aufrollst.

3. Das Ende gut festkleben. Eventuell mit einem Gummiband fixieren, bis der Klebstoff trocken ist. Den Bleistift vorsichtig aus der Papierschnecke ziehen.

Diese Vase hier hat
einen kreisrunden Fuß
aus Tonkarton, der
auf ein Stück Pappe
geklebt wurde.

4. Nun drückst du deinen
Zeigefinger in die
Mitte des Kreises und
schiebst auf diese
Weise die Schnecke
zu einer Vasenform
auseinander.

In die fertige Vase kannst
du deine selbst gebastelten
Blumen stellen – wenn du
magst, auch einen ganzen
Strauß.
Alles Liebe zum Muttertag!

Schön geschmückt

Aus Wollfäden, Schnüren oder Bändern kannst du Ketten, Armbänder oder Schlüsselanhänger basteln. Ob du kleine Quasten für eine Kette bindest oder eine besondere Feder aus Wolle knoten möchtest: Es macht großen Spaß, all diese tollen Schmuckstücke zu basteln und zu verschenken.

Kette

Zuerst suchst du dir eine stabile Schnur, auf die du deine Perlen und kleinen Quasten auffädeln kannst. Nun brauchst du noch Wolle, die du an deine Kette binden möchtest. Du wickelst die Wolle über ein Stück Pappe, ca. drei Zentimeter breit. Wenn der Wollstrang dick genug ist, schneidest du ihn an einer Seite auf, legst ihn über die Schnur und bindest ihn wie hier mit einem Faden zusammen. Nun kannst du abwechselnd immer eine Perle und eine Quaste auffädeln.

Den blauen Faden rechts, den grauen Faden links der Kordeln im Ring festknoten.

Dann die Fäden abwechselnd um die Kordeln schlingen. Nach ein paar Reihen sieht das so aus.

Mit der Kordel kannst du das Armband verschließen, indem du sie in dem Ring verknotest.

Armband

Zuerst nimmst du ein ca. 60 Zentimeter langes Stück Kordel und legst es um einen Schlüsselring. Mit einem dünnen Faden so abbinden, dass zwei gleich lange Stränge glatt vor dir liegen. Nun suchst du dir Wolle oder Schnur in zwei verschiedenen Farben aus und wickelst sie, wie es in den Kästen zu sehen ist, um diese Stränge. Ist der umwickelte Teil so lang, dass er um ein Handgelenk passt, verknotest du die beiden farbigen Fäden und bindest je eine Perle an das Ende. Die Enden der Kordel kannst du mit Wolle umwickeln.

Schmuckfeder

So eine Feder aus Wolle sieht wunderschön aus! Deine Mutter kann sie als Schlüsselanhänger oder einfach als Wandschmuck benutzen.

Die Wollfäden werden einmal nach rechts, einmal nach links um eine Kordel geschlungen.

Die Kordel zum Schluss oben zu einer Schlaufe formen und mit einem Wollfaden umwickeln. Die Fäden in Form einer Feder zuschneiden.

Tipp

Du kannst solche Federn auch gut auf eine Kette auffädeln und als Schmuck verschenken!

Herz oder Kranz?

Das rote Herz und der bunte Kranz sind schöne Geschenke. Deiner Mama machst du mit dem Herz zum Muttertag eine besondere Freude. Aber auch als Geschenk zum Geburtstag oder zu Weihnachten kommt es bestimmt gut an. Und der Kranz aus Stoffresten verschönert jede Tür!

Herz aus Draht

Dafür brauchst du einen Drahtkleiderbügel, den du in eine Herzform biegst. Lass dir eventuell dabei helfen. Darüber wird ein passend zurechtgeschnittener Kaninchendraht gespannt. Anschließend webst du das Herz mit roten Stoffstreifen vom Rand her komplett zu.

1. Den Draht in Herzform zuschneiden und über das Kleiderbügelherz biegen.

Für das Herz eignen sich besonders gut Stoffstreifen in verschiedenen Rottönen und aus unterschiedlichen Stoffmaterialien.

2. Beginne mit dem Rand – umwickle ihn mit einem langen Stoffstreifen und webe dann durch die Maschen des Drahtes.

Türkranz

Für diesen schönen bunten Kranz brauchst du zunächst einmal sehr viele etwa gleich lange Stoffstreifen und einen kleinen Styroporkranz. Auch Kränze aus Stroh oder Weidenzweigen eignen sich gut als Grundlage.

Die Stoffstreifen knotest du um den Kranz.

Streifen für Streifen: Die Stoffreste werden so lange nebeneinander um den Kranz geknotet, bis er prall gefüllt ist.

Zum Schluss bindest du ein dekoratives langes Geschenkband an den Kranz. Damit kannst du ihn am Muttertag an die Tür hängen.

Bohren, bitte!

Für diese Giraffe oder den Stiftehalter mit der Stachelfrisur darfst du jede Menge Löcher bohren. Mit einer elektrischen Bohrmaschine geht das am besten, aber auch ein Handbohrer ist dafür geeignet, das dauert nur etwas länger. Egal, für welches Werkzeug du dich entscheidest: Ein Erwachsener sollte dir dabei helfen. Zu zweit macht das Bohren sowieso viel mehr Spaß.

Elektrische Bohrmaschine

Giraffe

Du brauchst einen Holzwürfel für den Körper und ein kleineres rechteckiges Stück Holz für den Kopf. Die Beine und der Hals der Giraffe bestehen aus alten Buntstiften. Die Hörner sind ganz kurze Stummel.

1. Bohre vier Löcher in die Unterseite des Holzwürfels. Ihr Durchmesser sollte so groß sein, dass die Buntstifte hineinpassen. Damit die Giraffe gut steht, müssen die vier Buntstift-Beine gleich lang sein.

2. Bohre ein Loch in die gegenüberliegende Seite des Holzwürfels und stecke dort einen Buntstift als Hals hinein.

3. Bohre ein Loch in die Unterseite des Kopfes und zwei auf die obere Seite für die Hörner.

4. Male die Holzstücke an und lass die Farbe trocknen.

5. Stecke die Giraffe wie im Bild zu sehen zusammen.

Stiftehalter

Bohre in die Oberseite eines Holzklotzes (etwa 10 x 8 x 8 Zentimeter) ungefähr zehn Löcher. Säge eine Holzscheibe in der Mitte durch und klebe die Hälften als Ohren fest. Du kannst auch Ohren aus Pappe verwenden.

Male oder klebe ein Gesicht auf, dann klebe einen kleineren Holzklotz als Hals unter den Kopf. Für einen stabilen Stand klebe den Hals auf ein längliches Stück Holz. Nun kannst du deine Stifte und Scheren in die Figur stecken.

So sieht der Klotz von oben aus.

Blumenwerkstatt

Frühlingsblumen aus Pappe und Papier haben einen großen Vorteil: Sie verblühen nie. So hat deine Mama lange Freude an deinen Werken. Und gießen muss sie sie auch nicht. Mehrere zusammen sehen am schönsten aus. Fang mit einem Schneeglöckchen an, das geht ganz einfach!

Schneeglöckchen

Die spitzen Hütchen aus einer Eierpappe herauslösen, die unteren Ränder rund zuschneiden und weiß anmalen. Die Blüte trocknen lassen und für den Blumenstiel einen Pfeifenreiniger oben durch die Blüte von außen nach innen durchziehen. Zum Schluss eine Perle auf dessen Ende stecken.

Hyazinthen

Einen etwa 30 x 7 Zentimeter langen violetten Tonpapierstreifen zuschneiden. Den Streifen von einer Längsseite aus einschneiden, bis 1,5 Zentimeter vor den gegenüberliegenden Rand. Die so entstandenen kleinen Streifen einzeln über einem Zahnstocher einrollen, bis eine Art Locke entsteht. Wenn alle Streifen zu Locken gedreht sind, alles spiralförmig um einen grün beklebten Stiel wickeln. Die Locken zeigen dabei nach außen. Die Enden der Streifen festkleben.

Narzisse

Das Hütchen einer Eierpappe gelb anmalen, Blütenblätter aus Seidenpapier ausschneiden und rings um den Blütenkelch kleben. Zum Schluss orangefarbene Papierstreifen in den Kelch und die Blüte auf einen Stiel kleben.

Blütenstiel

Aus Holzstäbchen werden im Handumdrehen Blütenstiele: Streifen aus Krepp- oder Seidenpapier um den Stab wickeln und oben und unten festkleben.

Eiertulpe

Ein ausgepustetes Ei rot oder pink anmalen und nach dem Trocknen auf einen Blütenstiel kleben.

Großes Gänseblümchen

Ein Tortenförmchen flach drücken und innen mit Papierkügelchen aus gelbem und rotem Seidenpapier bekleben. Die Blüte mit Kleber auf einem Stiel befestigen.

Tulpe aus Papier

Aus einem etwa 15 x 15 Zentimeter großen Stück Tonpapier so eine Form ausschneiden. Die Kanten zusammenkleben. Während die Klebestellen trocknen, mit Wäscheklammern fixieren. Danach auf einen Stiel kleben.

Frühlingsstrauß

So sehen die Papierblumen in der Vase aus. Solch einen hübschen Strauß kannst du auch zu Ostern oder an ein Geburtstagskind verschenken.

Eiertulpe

Tulpe aus Papier

Narzisse

Hyazinthe

Großes Gänseblümchen

Hyazinthe

Schneeglöckchen

Schneeglöckchen

Wo steckt der Schlüssel?

Sucht deine Mama auch ständig ihre Schlüssel? Diese kunterbunten Schlüsselanhänger schaffen Abhilfe. Sie können so aussehen wie hier oder ganz anders. Worauf hast du Lust? Solche Anhänger sind ein schönes Geschenk!

Schlüssel zum Glück

Marienkäfer bringen Glück! Dieser nette Käfer ist schnell zusammengeklebt. Schneide aus Filz den Körper, den Kopf, die Beinchen und den Rückenstreifen aus und klebe die Teile aufeinander. Den Körper kannst du doppelt ausschneiden und von hinten ankleben, dann ist der Krabbler stabiler.

Die Punkte sind aus selbst klebendem Flauschband. Das klebt auf dem Filz ganz prima. Durch den Kopf schlägst du eine Öse. Bitte dazu einen Erwachsenen um Hilfe. Durch diese Öse ziehst du ein Band aus Filz, auf das du den Schlüsselring fädelst und anschließend verknotest.

Schlüsselblume

Aus Filz und Stoffresten mehrere Blüten ausschneiden und durch die Mitte eine Öse hämmern. Ein Schleifenband hindurchziehen und den Schlüsselring auffädeln. Das Schleifenband verkleben und über die Klebestellen ein weiteres Schleifenband binden.

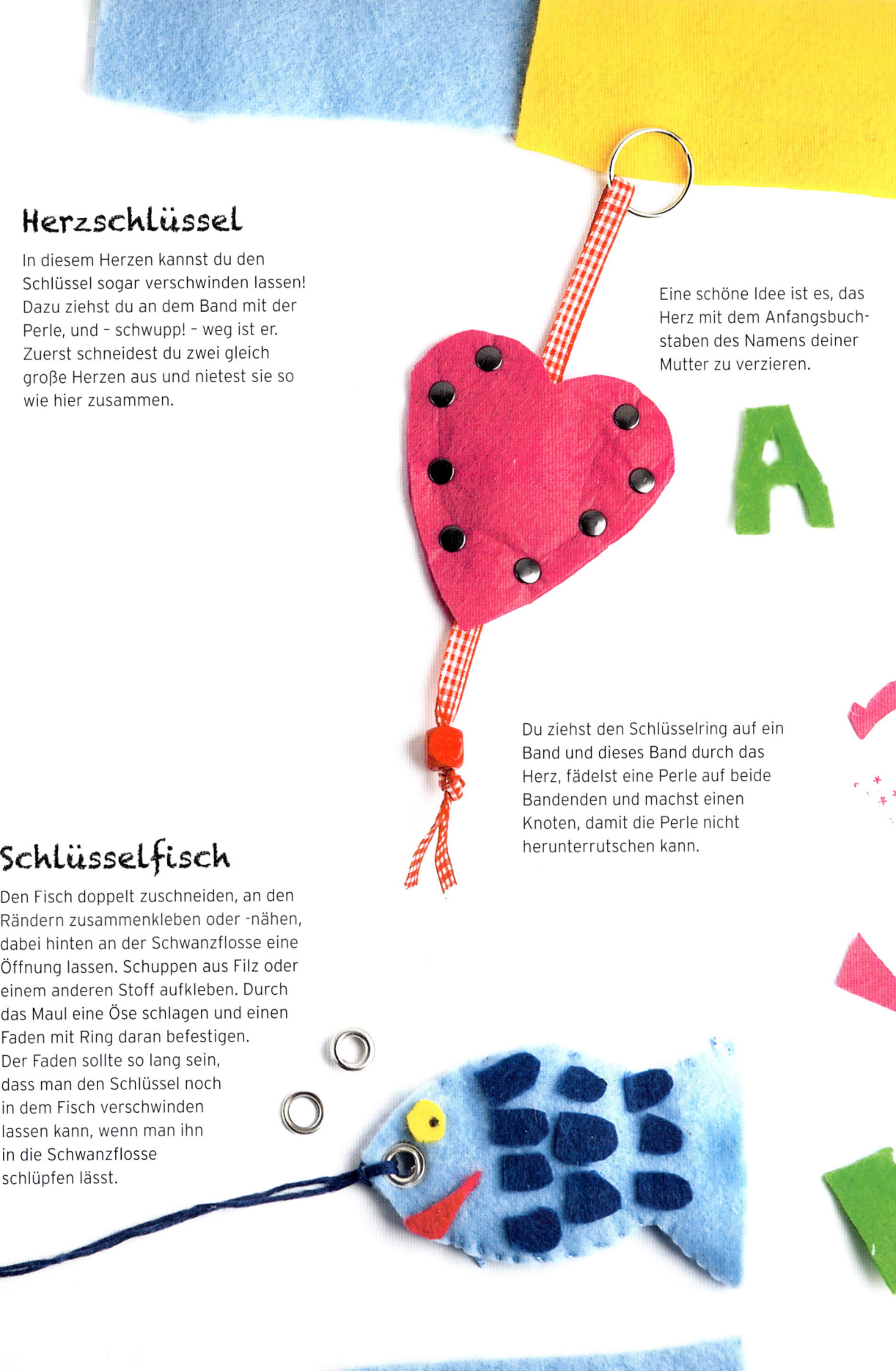

Herzschlüssel

In diesem Herzen kannst du den Schlüssel sogar verschwinden lassen! Dazu ziehst du an dem Band mit der Perle, und – schwupp! – weg ist er. Zuerst schneidest du zwei gleich große Herzen aus und nietest sie so wie hier zusammen.

Eine schöne Idee ist es, das Herz mit dem Anfangsbuchstaben des Namens deiner Mutter zu verzieren.

Du ziehst den Schlüsselring auf ein Band und dieses Band durch das Herz, fädelst eine Perle auf beide Bandenden und machst einen Knoten, damit die Perle nicht herunterrutschen kann.

Schlüsselfisch

Den Fisch doppelt zuschneiden, an den Rändern zusammenkleben oder -nähen, dabei hinten an der Schwanzflosse eine Öffnung lassen. Schuppen aus Filz oder einem anderen Stoff aufkleben. Durch das Maul eine Öse schlagen und einen Faden mit Ring daran befestigen. Der Faden sollte so lang sein, dass man den Schlüssel noch in dem Fisch verschwinden lassen kann, wenn man ihn in die Schwanzflosse schlüpfen lässt.

Glücksklee

Kleepflanzen haben in der Regel drei Blätter, aber ganz selten findet man auch ein vierblättriges Kleeblatt. Es soll seinem Finder großes Glück bringen. Möchtest du deiner Mama Glück wünschen? Dann sag es mit einem Kleeblatt!

Klee wächst auf fast allen Wiesen. Es gibt rot und weiß blühende Arten. Die Pflanze dient als Futter für Kühe und Pferde. Hasen und Kaninchen mögen sie aber auch sehr gerne. Deshalb wird Klee auch „Hasenbrot" genannt.

Gemogelt!

Du findest beim besten Willen kein vierblättriges Kleeblatt? In diesem Fall ist Mogeln ausnahmsweise mal erlaubt. Klebe ein dreiblättriges Kleeblatt auf ein Stück Tonkarton und klebe ein weiteres einzelnes Blatt hinzu. Fixiere alles mit Klebefolie und schneide die überstehenden Kanten der Folie ab. Pikse mit einer Schere ein Loch in die Karte und ziehe ein Band hindurch.

Hopfenklee

Schweinchen im Glück

Mit den duftenden Rot-Kleeblüten als Nase fühlen sich die Schweinchen sauwohl! Die Köpfe schneidest du aus Tonpapier aus, Augen und Mund sind aufgemalt. Klebe zum Schluss noch je zwei Streichholzbeinchen von hinten an die Schweine. Das ist eine hübsche Dekoration für den Muttertags-Frühstückstisch

Ferkelinchen

Male Ferkelinchen, ihr Kleid und die Beine auf Tonpapier und schneide sie aus. Dann klebe schöne dicke Blüten als Knöpfe auf das Kleid.

Die kugeligen Blüten des Rot-Klees haben einen nussartigen Geschmack. Vor dem Verzehr solltest du sie aber gut waschen!

Mohnblumen für Mama

In den trockenen Kapseln des Klatschmohns befinden sich oft noch die schwarzen Samen.

Frische Mohnblüten sind schnell vergänglich. Selbst gebastelte Blumen aus getrockneten Mohnkapseln halten sich dagegen ewig und sind ein wunderbares Muttertagsgeschenk! Die Kapseln des Klatschmohns sehen aus wie kleine Köpfe, die eine Krone tragen. Es fehlen nur noch Kleider aus Seidenpapier, um sie wieder in königliche Blumen zu verwandeln.

1. Falte einen 40 Zentimeter langen und 7 Zentimeter breiten Streifen rotes Seidenpapier einmal der Länge nach, sodass er doppelt liegt.

2. Falte den Streifen im Zickzack wie eine Ziehharmonika. Das sieht dann aus wie in Bild A.

3. Schneide den offenen Rand halbkreisförmig zu.

4. Falte die Blüten auseinander (B).

5. Wickle die Blüten unterhalb der Kapsel um den trockenen Blütenstängel (C).

6. Binde die Blüten mit einem Stück Blumendraht fest und zupfe sie in Form.

7. Bemale die kleinen Kronen mit einem Goldstift. Außerdem brauchen die Köpfe noch Gesichter.

8. Stelle die Blumen zusammen mit ein paar Gräsern in eine Vase. Du kannst den Strauß mit weiteren Blüten oder einer Schleife verzieren.

Knöpfe annähen

Bist du bereits stolzer Besitzer einer Knopfsammlung? Wenn nicht, frag deine Nachbarn oder Freunde, ob sie vielleicht ein paar Knöpfe für dich haben. Diese sammelst du dann in einer hübschen Schachtel. So hast du sie immer parat, um so hübsche Knopfbilder wie hier zu gestalten.

So oder so?

Es gibt verschiedene Möglichkeiten, einen Knopf anzunähen. Wichtig ist, dass die Nadel samt Faden gut durch das Knopfloch passt. Mach einen Knoten in das Ende des Fadens, stich von unten durch den Stoff, dann durch eines der Knopflöcher und schließlich durch ein anderes Loch zurück durch den Stoff. Dabei den Faden nicht zu fest anziehen. Zum Schluss vernähst du das Ende des Fadens auf der Rückseite gut, damit der Knopf sich nicht so leicht lösen kann.

Schaf

Dieses Schaf hat ein Fell aus Wäscheknöpfen. Das sind Knöpfe, die mit weißem Stoff überzogen sind. Wäscheknöpfe kann man auch toll mit Filzstiften anmalen. Du schneidest ein Stück Filz als Untergrund zu, ebenso Kopf und Körper des Vierbeiners. Klebe oder nähe die Teile auf den Untergrund. Darauf nähst du die Knöpfe. Fallen dir noch mehr Tiere ein, die du auf diese Weise gestalten könntest?

Knopfbild

Als besonders tolles Geschenk zum Muttertag kannst du mit lauter Knöpfen auch ein großes buntes Bild auf einen Untergrund aus Filz oder einem anderen Stoff nähen. Wilde Blumen und Tiere mag deine Mama besonders gern?

Druckfrisch!

Blätter und Schwämme sind tolle Werkzeuge in deiner persönlichen Druckerei. So kannst du nach Herzenslust schöne Motive ausprobieren und nicht nur zum Muttertag verschenken.

Gelber Falter!

Binde einen Schwamm so, wie im Kasten zu sehen, zusammen. Jetzt kannst du so viele bunte Schmetterlinge drucken, wie du möchtest. Wenn der Druck getrocknet ist, kannst du die Falter mit Stoffmalstiften weiter verschönern.

So den Schwamm mit einem Bindfaden in der Mitte zusammenbinden.

Den Schwamm in die Farbe tauchen und fest auf den Untergrund aus Stoff drücken.

Komischer Vogel

Aus einem Blatt wird ein Vogel. Zuerst suchst du ein schönes Blatt aus, bestreichst es mit Farbe und druckst damit auf ein Stück Stoff. Du kannst den Vogel noch weiter ausschmücken und den Stoffrand mit einem Geschenkband umnähen.

Blattkunst

Drucke ein Blatt auf ein Stück Stoff, lass die Farbe trocknen und schneide es entlang den Außenkanten aus. Nun kannst du das Stoffblatt auf einen andersfarbigen Untergrund nähen oder es in einen Bilderrahmen stecken.

So ein herzförmiges Blatt brauchst du für das Herzblatt-Bild.

Das Blatt mit roter Farbe bestreichen und auf ein Stoffstück drucken.

Herzblatt

Dieses Herzblatt-Bild ist eine schöne Idee für ein Geschenk! Falls du einen Stempelkasten hast, dann kannst du einen Namen über das Herz stempeln. Außerdem kannst du das Stoffstück mit Geschenkbändern einrahmen. Diese hier sind einfach mit Textilkleber aufgeklebt.

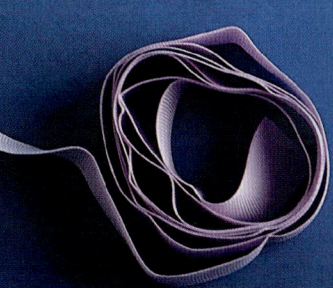

Ebenfalls erhältlich:

ISBN 978-3-8369-6007-6

ISBN 978-3-8369-6242-1

ISBN 978-3-8369-6135-6

ISBN 978-3-8369-6160-8

Alle meine Bücher und Projekte findest du unter www.sabine-lohf.de

 Weitere spannende Sachbücher
findest du auf unserer Homepage:
www.gerstenberg-verlag.de

1. Auflage 2025
Copyright ©2025 Gerstenberg Verlag, Hildesheim
Alle Rechte vorbehalten
Idee, Konzept, Text, Fotos & Gestaltung: Sabine Lohf, Bad Nenndorf
Der Gerstenberg Verlag behält sich die Nutzung seiner Inhalte
für Text und Data Mining im Sinne von § 44b UrhG ausdrücklich vor.
Druck und Bindung: DZS Grafik, Ljubljana
Printed in Slovenia
Gerstenberg Verlag GmbH & Co. KG, Rathausstraße 18–20,
D-31134 Hildesheim
verlag@gerstenberg-verlag.de
ISBN 978-3-8369-6282-7